NATIONAL GEOGRAPHIC

T0045074

Baking Bread

Faridah Yusof

Dad
bowl
ear

Hear

I **hear** Dad.

I hear Dad mixing things in a bowl.

I **hear** with my ears.

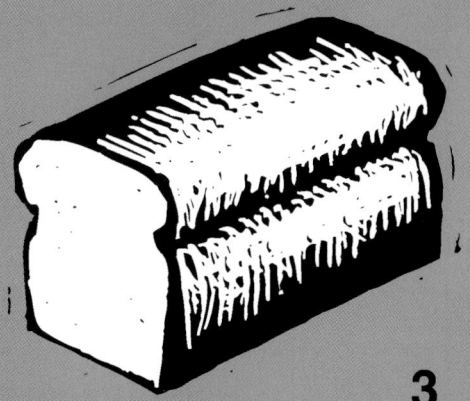

Dad
oven
pan

See

I **see** Dad.

I see Dad put a pan in the oven.

I **see** with my eyes.

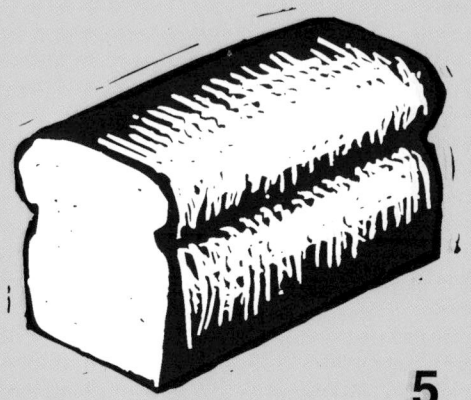

nose
bread

Smell

I **smell** the bread.
It smells great.
I **smell** with my nose.

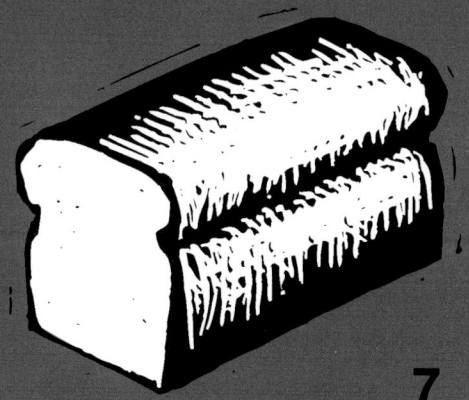

hand
bread

Touch

I **touch** the bread.
It is warm.
I **touch** with my hands.

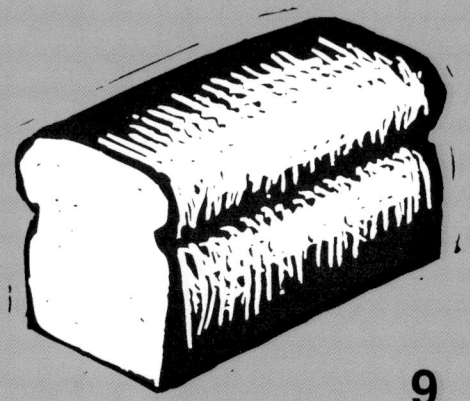

bread

Taste

I **taste** the bread.
It is good.
I **taste** with my tongue.

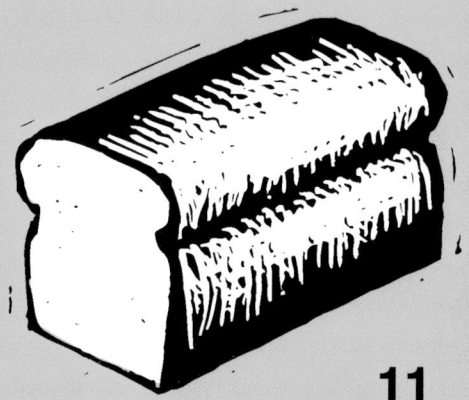

Yum!